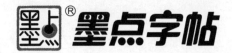
墨点字帖

楷书
控笔训练

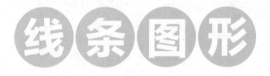
线条图形

谷少将 书

天津出版传媒集团

天津杨柳青画社

目　录

横　线

竖　线

方向训练

点阵描红

点阵临写

起笔定位

左斜线

方向训练

点阵描红

点阵临写

起笔定位

右斜线

方向训练

点阵描红

点阵临写

起笔定位

右上斜线

横折线

方向训练

点阵描红

点阵临写

起笔定位

竖折线

 ▶▶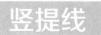

方向训练

点阵描红

点阵临写

起笔定位

竖提线

 ▶▶

方向训练

点阵描红

点阵临写

起笔定位

竖钩线

 ▸▸

乙形线

方向训练

点阵描红

点阵临写

起笔定位

W 形线

 ▶▶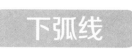

方向训练

点阵描红

点阵临写

起笔定位

下弧线

方向训练

点阵描红

点阵临写

起笔定位

上弧线

左弧线

方向训练

点阵描红

点阵临写

起笔定位

右弧线

   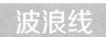

波浪线

方向训练

点阵描红

点阵临写

起笔定位

正S形线

   ▶▶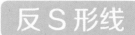

反S形线

  ▶▶

方向训练					
点阵描红					
点阵临写					
起笔定位					

顺向螺旋线

逆向螺旋线

方向训练

点阵描红

点阵临写

起笔定位

上合下开线

上开下合线

方向训练

点阵描红

点阵临写

起笔定位

正井格形

斜井格形

方向训练

点阵描红

点阵临写

起笔定位

回形格

 ▶▶

大小三角形

 ▶▶

方向训练

点阵描红

点阵临写

起笔定位

方形格

方向训练

点阵描红

点阵临写

起笔定位

梯形格

方向训练

点阵描红

点阵临写

起笔定位

轻到重行笔

重到轻行笔

方向训练

点阵描红

点阵临写

起笔定位

方向训练

点阵描红

点阵临写

起笔定位

轻重轻行笔

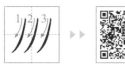 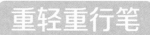

重轻重行笔

方向训练

点阵描红

点阵临写

起笔定位

左点行笔

右点行笔

方向训练

点阵描红

点阵临写

起笔定位

树叶控笔

从方格的左下角起笔画树枝，再从上至下画三片叶子，最后画三条分枝。

向日葵控笔

先画大圆，再画井格线和葵花籽，然后画四周的花瓣，最后画花茎和叶子。

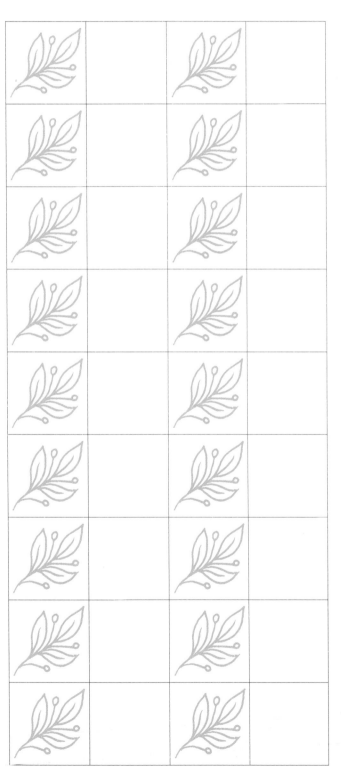

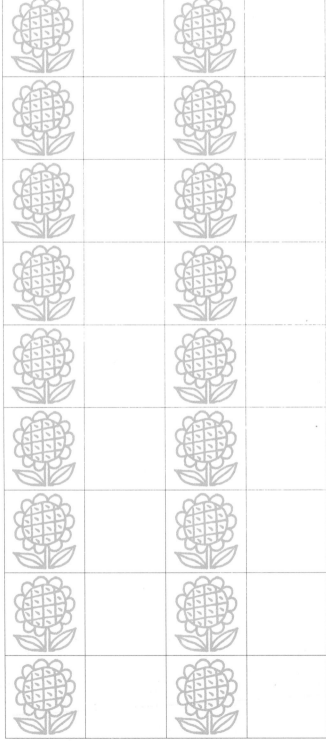

嫩芽控笔

从方格的左上角向右下角画螺旋状的嫩芽，再画两片叶子和叶脉。

麦子控笔

先画枝干，再画枝干左侧的麦粒，最后画右侧的麦粒。

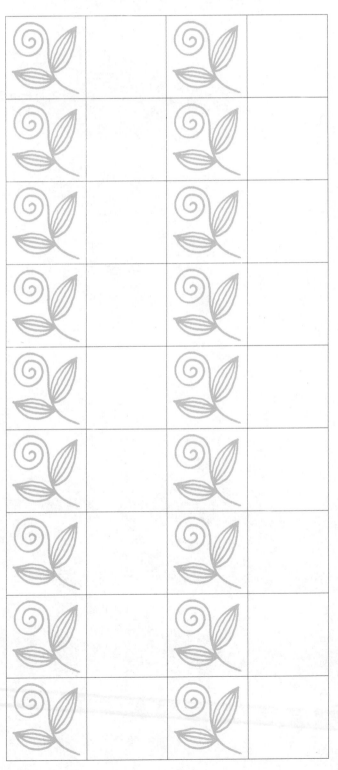 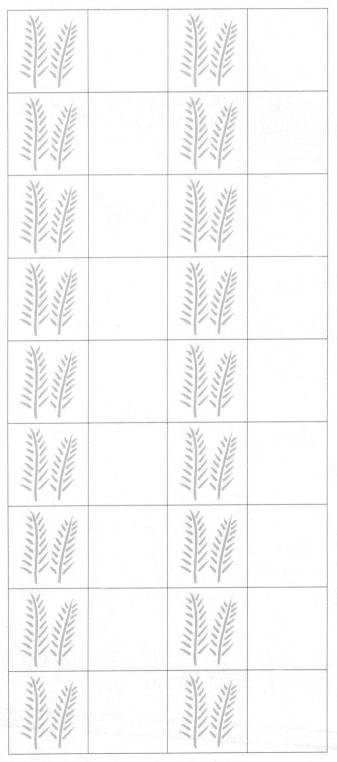

玫瑰花控笔

先画花朵，再画花茎和叶子，最后画花托。

弓箭控笔

先在方格中间偏左的位置画一个月亮的形状，作为弓臂；再画箭；最后画弓弦。

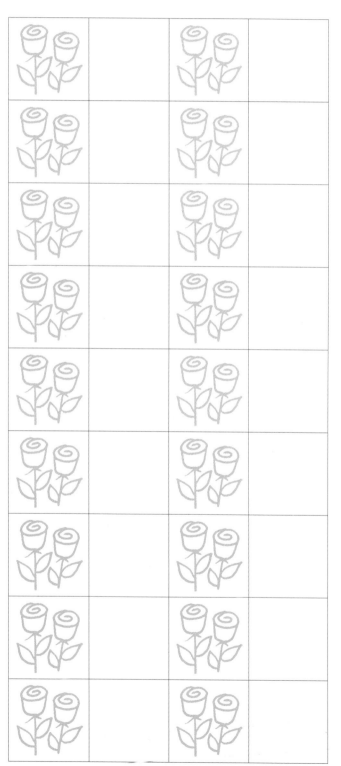 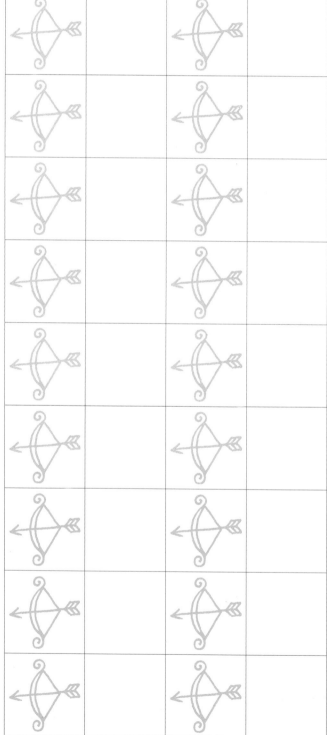

大刀控笔

先在方格中间偏上的位置画一个扁的长方形，作为护手；再画刀身；最后画刀柄和流苏。

灯笼控笔

先在方格中间偏上的位置写"工"字，再画出灯笼的外形，最后画流苏。

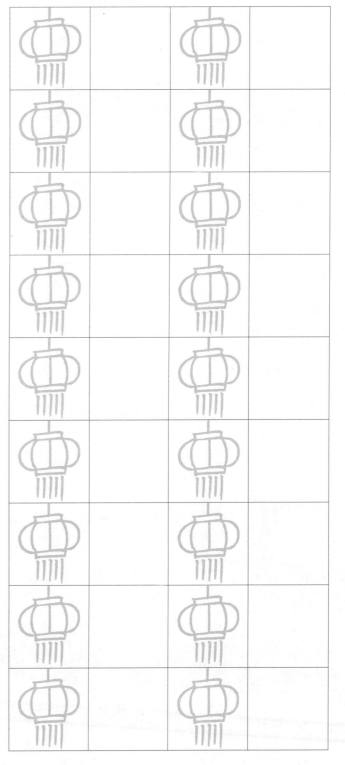

锁链控笔

顶格画，先画连续的折线；再双钩出锁链的形状；最后连接开口，组成完整的环。

蜗牛控笔

先画蜗牛的身体，再画蜗牛壳，最后画头上的触角。

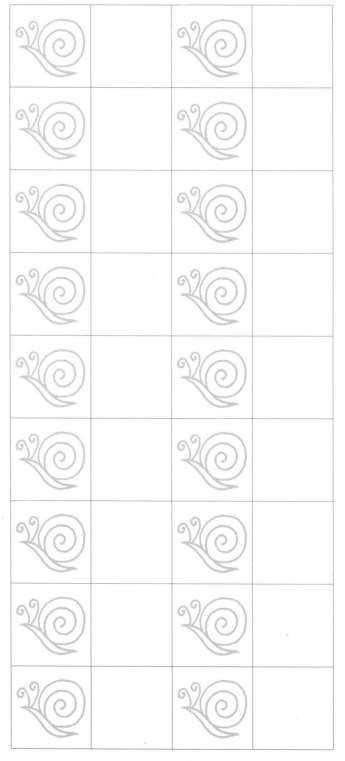

乌云控笔

先画乌云，由连续的弧线组成；再画雨水，由斜线组成，间距要一致。

刺猬控笔

先画圆，作为身体；再画头部、嘴巴、鼻子和眼；最后画刺，刺要排列整齐。

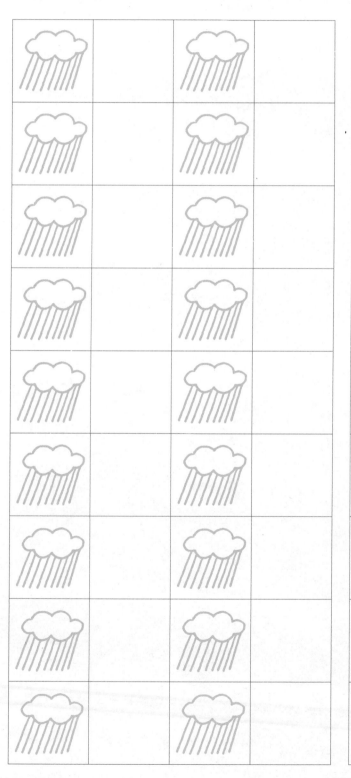

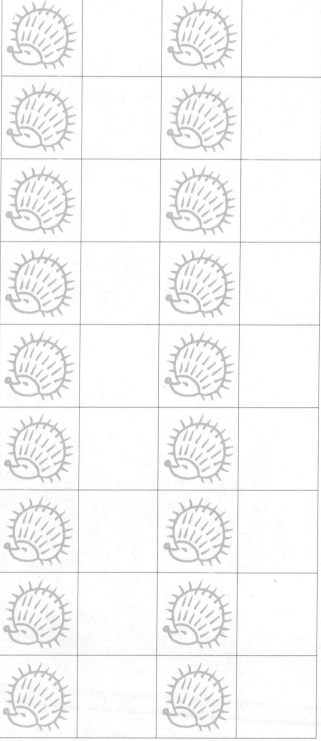

蜘蛛网控笔

顶格画，先在方格中画"米"字线；再画蛛网，蛛网分布要均匀。

雪花控笔

顶格画，先画中间的竖线，再画对角线，最后完善各条分支。

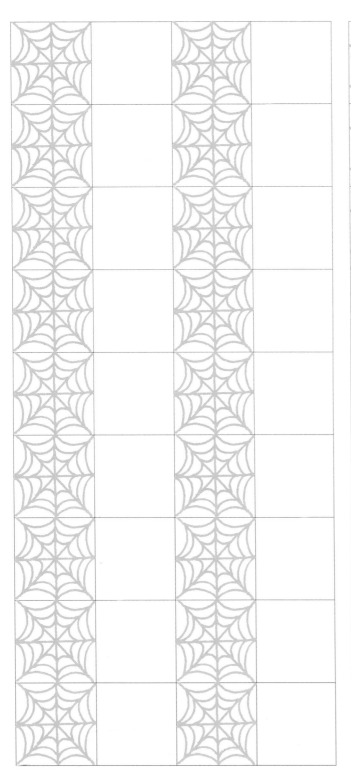

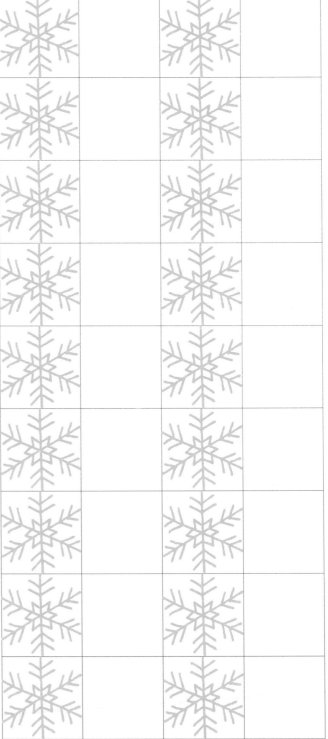

白菜控笔

从内向外画，先画中间的菜心，再画两边的叶子，最后画菜根。

菊花控笔

先画花的部分，再画枝干和叶子。花瓣从外向内画。

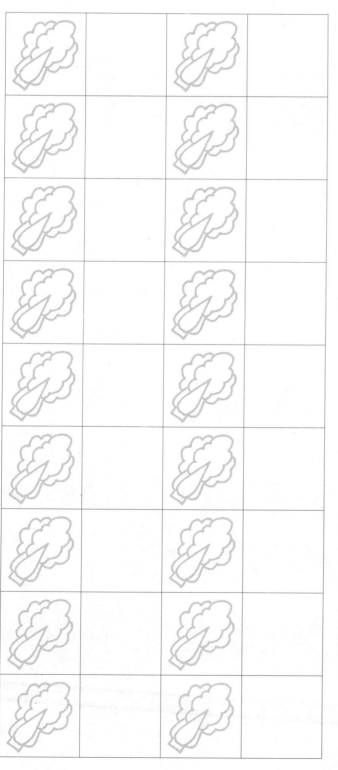

禅绕画控笔（一）

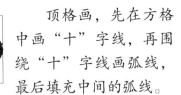

顶格画，先在方格中画"十"字线，再围绕"十"字线画弧线，最后填充中间的弧线。

禅绕画控笔（二）

顶格画，左上角起笔先画最外、最大的一层，再依次向里画即可。

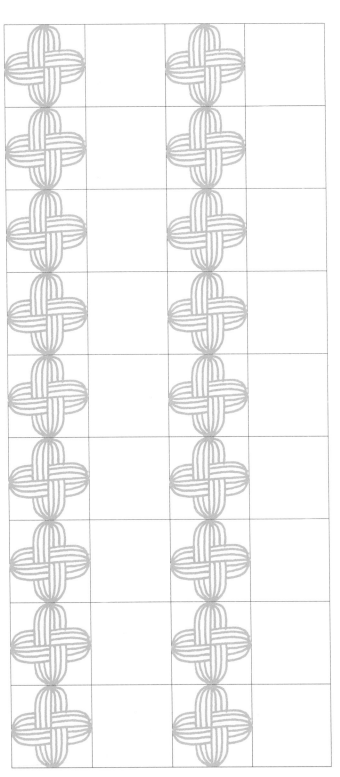

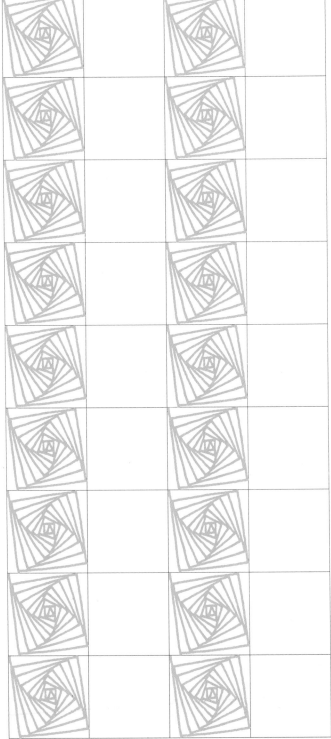

禅绕画控笔（三）

顶格画，先在方格中画"十"字线，再在四个小方格中依次画出同样的图案。

禅绕画控笔（四）

先画左右顶格的竖线，再画上下两条最长的横线，然后用同样的方法依次向里画即可。

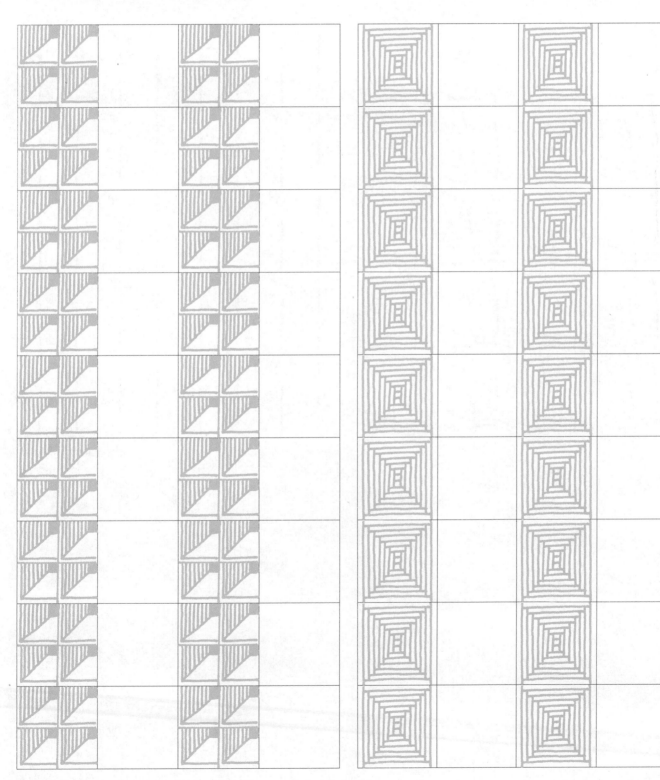

芦苇控笔

松树控笔

训练内容

短撇。

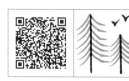

训练内容

斜撇、斜捺。

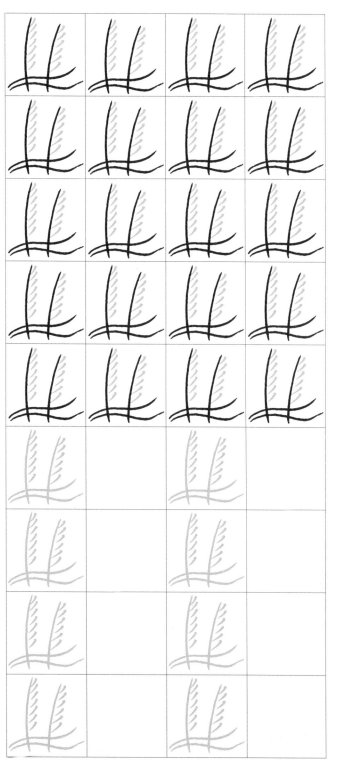

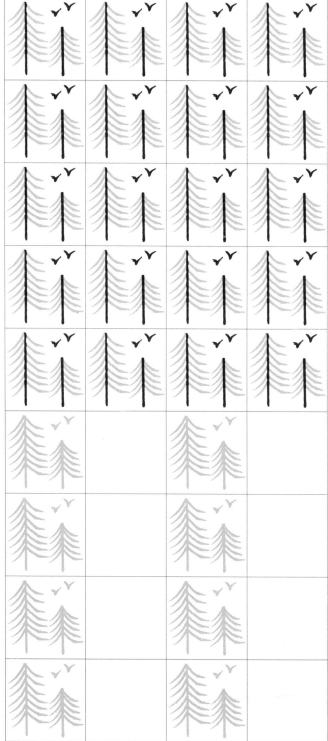

郁金香控笔

训练内容

右点、横折提、竖弯钩、垂露竖。

银杏叶控笔

训练内容

斜撇、斜捺、左点、右点。

枫叶控笔

训练内容

短横、垂露竖、斜撇、斜捺。

四叶草控笔

训练内容

横、悬针竖。

雷雨控笔

训练内容
竖折撇、右点。

雨伞控笔

训练内容
斜撇、斜捺、右点、短撇、
短竖、短横、竖钩。

房屋控笔（一）

训练内容

斜撇、斜捺、右点、竖折、横折钩、横。

房屋控笔（二）

训练内容

斜撇、斜捺、垂露竖、右点。

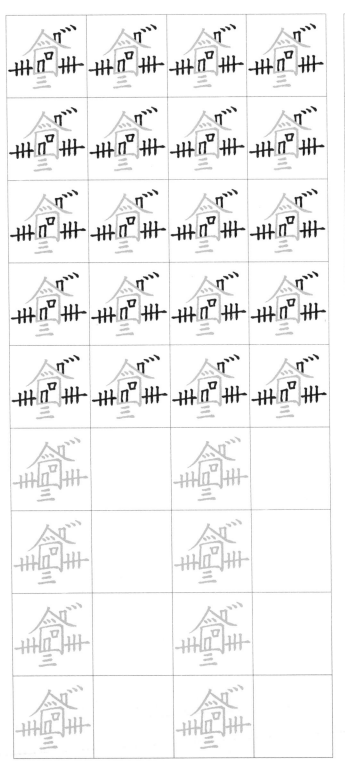

西瓜控笔

训练内容
斜撇、斜捺、右点。

帆船控笔

训练内容
撇折、撇点、弯钩、长点、长横、横撇。

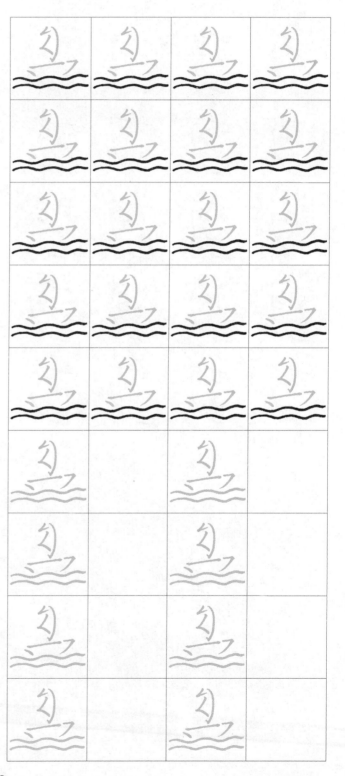

月亮控笔

训练内容

竖折、横折、竖折撇、提、斜撇。

落日控笔

训练内容

横钩、竖折撇、横折折撇。

小鸟控笔

训练内容

横折折撇、短撇、左点、右点。

天鹅控笔

训练内容

横折折撇、横撇。

鲸鱼控笔

训练内容

右点、短撇、卧钩、长横。

鱿鱼控笔

训练内容

斜撇、竖撇、悬针竖、斜捺、斜钩。

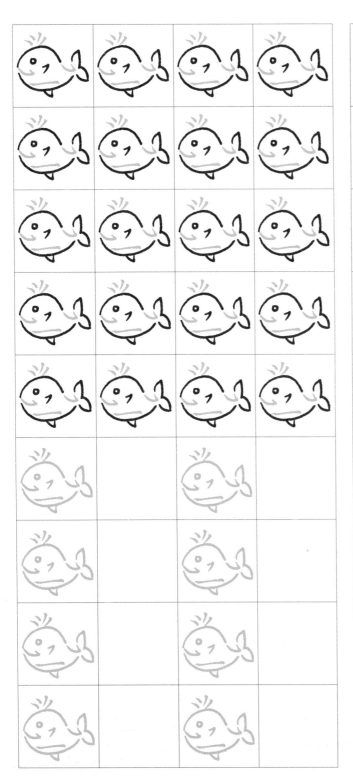

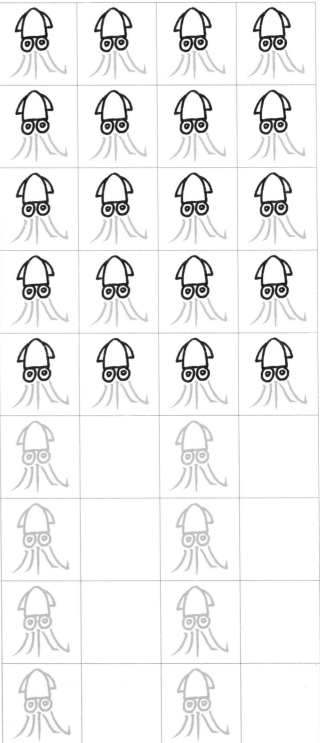

水母控笔

训练内容

右点、卧钩、斜撇、竖撇、悬针竖、斜捺、斜钩。

热带鱼控笔

训练内容

撇点、弯钩、横折折撇、横折折折钩、右点。

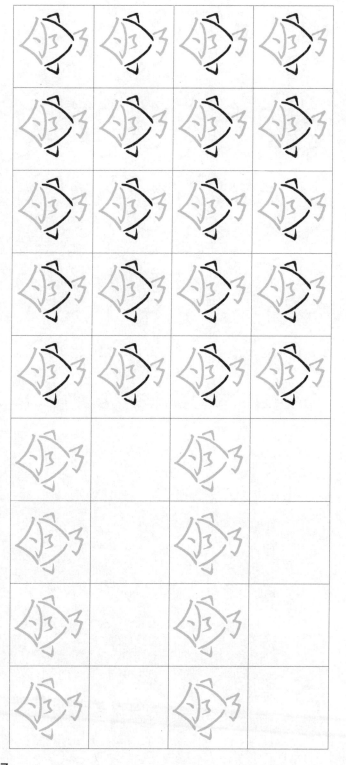

小蜜蜂控笔

自行车控笔

训练内容
斜撇、卧钩、横折折撇、右点。

训练内容
斜撇、斜捺、横。

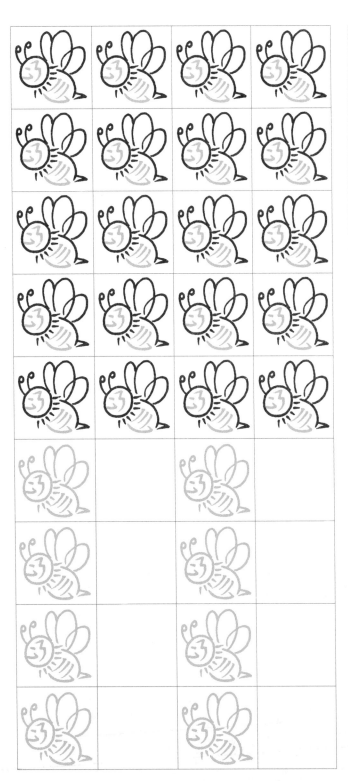

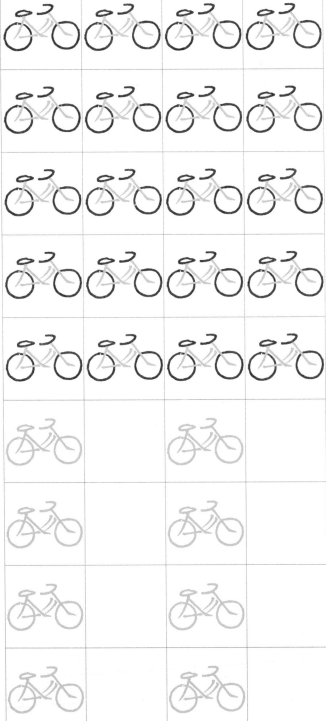

台灯控笔

训练内容

斜撇、斜捺、横、卧钩。

火箭控笔

训练内容

斜撇、斜捺、卧钩、竖弯钩、弯钩。

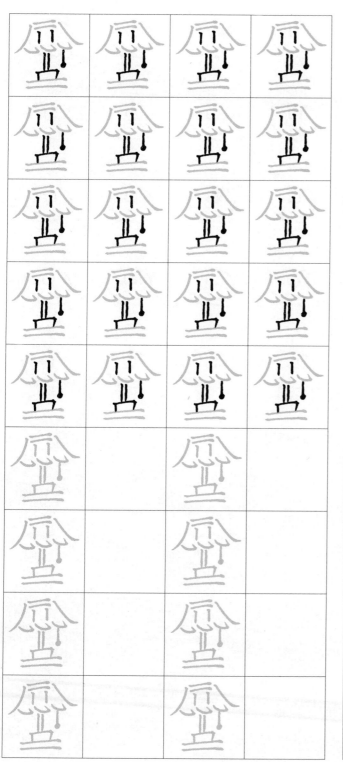

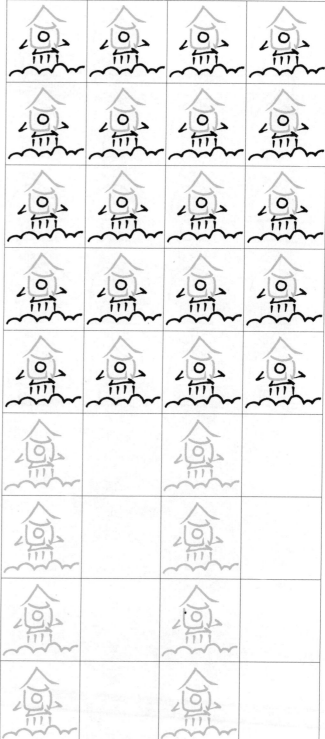

直升机控笔

训练内容
右点、短撇、竖折、横折弯、竖弯钩。

钥匙控笔

训练内容
竖钩、竖折撇、横折折折钩、竖撇。

书本控笔

训练内容

长点、斜撇、斜捺。

帽子控笔

训练内容

卧钩、横折折撇、短撇。

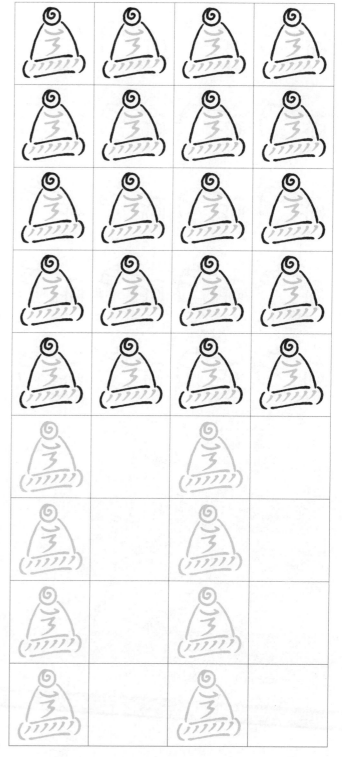

木桩控笔

训练内容

斜钩、竖弯钩。

面条控笔

训练内容

横折折撇、斜钩、竖撇、
竖折、横、短竖。

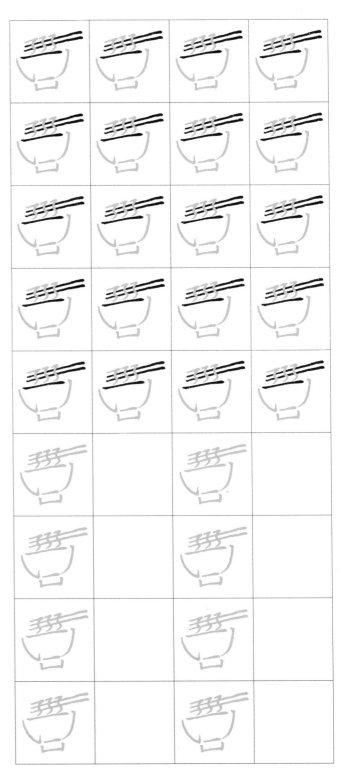

咖啡控笔

训练内容

斜钩、横折钩、卧钩、
竖撇、竖弯钩、短横。

表情控笔

训练内容

竖折撇、竖提、短横、
右点、撇折、卧钩。

凉亭控笔

训练内容

斜撇、斜捺、短竖、横折、短撇、右点。

海螺控笔

训练内容

斜钩、卧钩、弯钩、竖撇、短撇。

城墙控笔

训练内容

斜撇、斜捺、竖折、横折弯、横折钩、横。

电动车控笔

训练内容

竖撇、竖弯钩、短撇、长点、横钩、短横、卧钩。

蝴蝶控笔

训练内容

竖折撇、横折折撇、横撇、卧钩、斜钩、短撇。

大海控笔

训练内容

撇折、短竖、横钩、长横、短横。

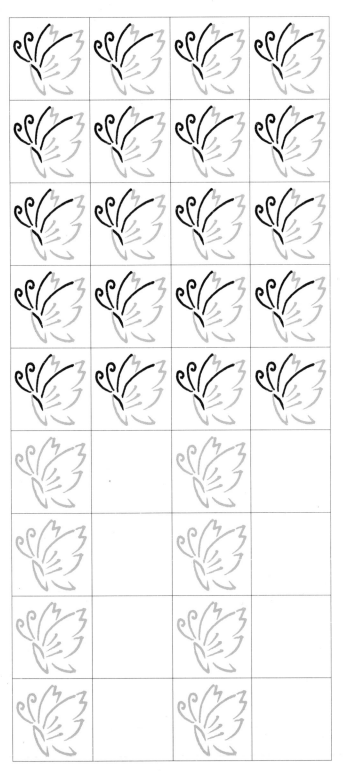